AF188333

Impressum
Verlag: BABADADA GmbH, Nedderfeld 112 , 22529 Hamburg
Geschäftsführer / Verlagsleitung: Harald Hof
Druck: Books on Demand GmbH, In de Tarpen 42, 22848 Norderstedt

Imprint
Publisher: BABADADA GmbH, Nedderfeld 112 , 22529 Hamburg, Germany
Managing Director / Publishing direction: Harald Hof
Print: Books on Demand GmbH, In de Tarpen 42, 22848 Norderstedt

школа

shule

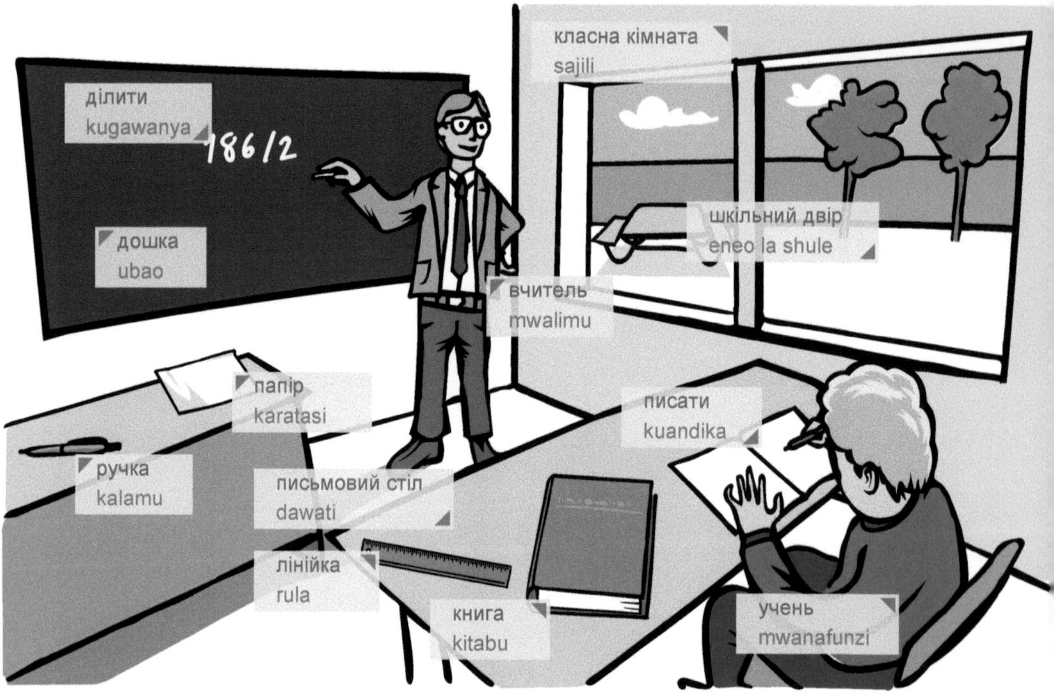
класна кімната
sajili
ділити
kugawanya
186/2
дошка
ubao
шкільний двір
eneo la shule
вчитель
mwalimu
папір
karatasi
писати
kuandika
ручка
kalamu
письмовий стіл
dawati
лінійка
rula
книга
kitabu
учень
mwanafunzi

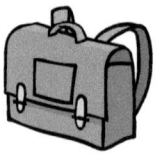

ранець

mkoba

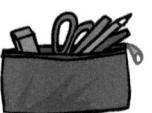

пенал

kikasha cha penseli

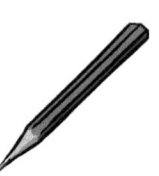

олівець

penseli

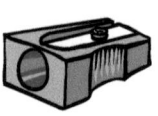

точило

kichonga penseli

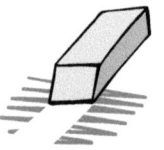

гумка

mpira

альбом для малювання

pedi ya kuchora

малюнок

uchoraji

пензель

brashi ya rangi

коробка фарб

sanduku la rangi

ножиці

mkasi

клей

gundi

зошит

daftari

домашнє завдання

kazi ya nyumbani

12

число

nambari

2+2

додавати

jumlisha

віднімати

ondoa

2×2

множити

zidisha

рахувати

kokotoa

A

літера

barua

ABCDEFG
HIJKLMN
OPQRSTU
VWXYZ

абетка

alfabeti

слово

neno

текст

maandishi

читати

kusoma

крейда

chaki

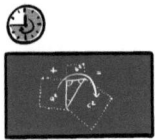

година

somo

класний журнал

sajili

екзамен

uchunguzi

диплом

cheti

шкільна форма

sare za shule

освіта

elimu

лексикон

elezo

університет

chuo kikuu

мікроскоп

darubini

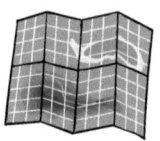

карта

ramani

кошик для паперу

kikapu cha kuweka karatasi chafu

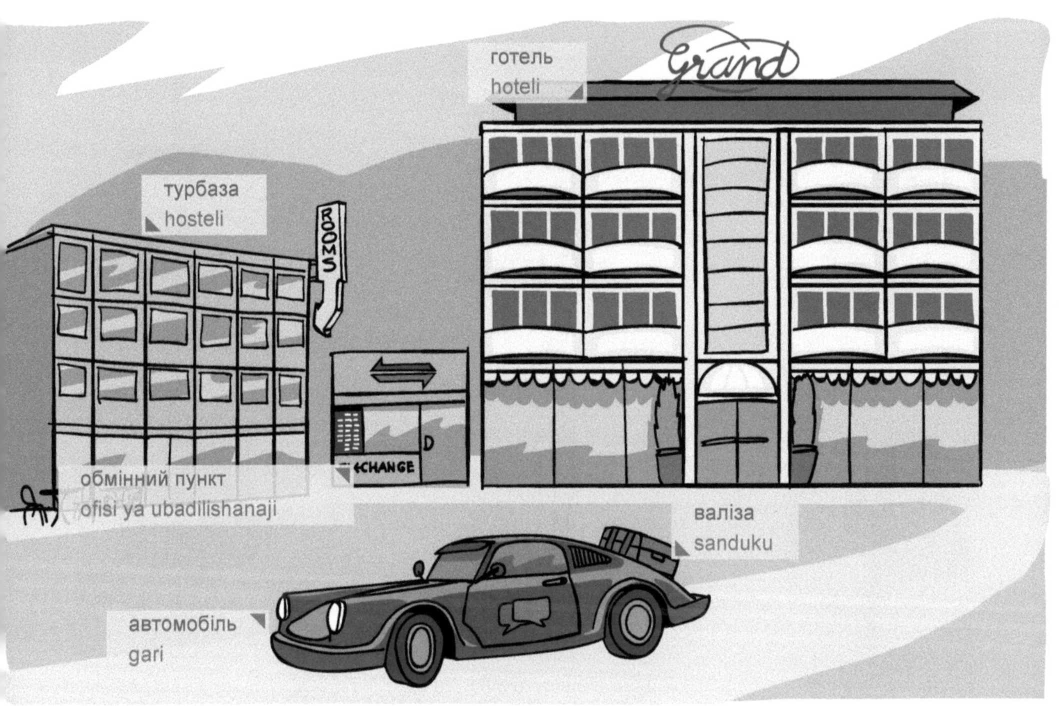

готель
hoteli
Grand
турбаза
hosteli
ROOMS
обмінний пункт
ofisi ya ubadilishanaji
CHANGE
валіза
sanduku
автомобіль
gari

мова
lugha

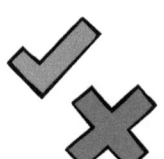

так / ні
ndiyo / la

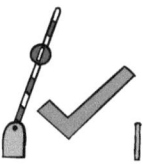

добре
sawa

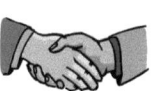

привіт
hujambo

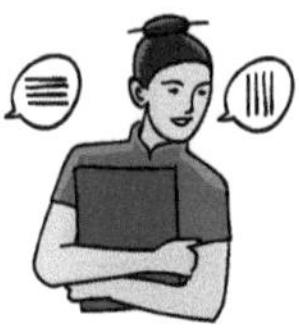

перекладач
mtafsiri

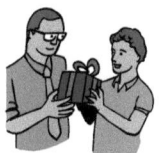

дякую
Asante

Скільки коштує ...?

kiasi gani ni ...?

Я не розумію

Sielewi

проблема

tatizo

Добрий вечір!

Jioni njema!

Доброго ранку!

Habari za asubuhi!

На добраніч!

Usiku mwema!

До побачення

kwa heri

напрямок

mwelekeo

багаж

mizigo

сумка

mfuko

рюкзак

shanta

гість

mgeni

кімната

chumba

спальний мішок

begi la kulalia

намет

hema

туристична інформація

taarifa ya utalii

пляж

ufuo

кредитна картка

kadi

сніданок

kifunguakinywa

обід

chakula cha mchana

вечеря

chakula cha jioni

квиток

tiketi

ліфт

kuinua

поштова марка

muhuri

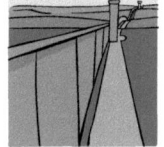

межа

mpaka

митниця

mila

посольство

ubalozi

віза

visa

паспорт

pasipoti

транспорт

usafiri

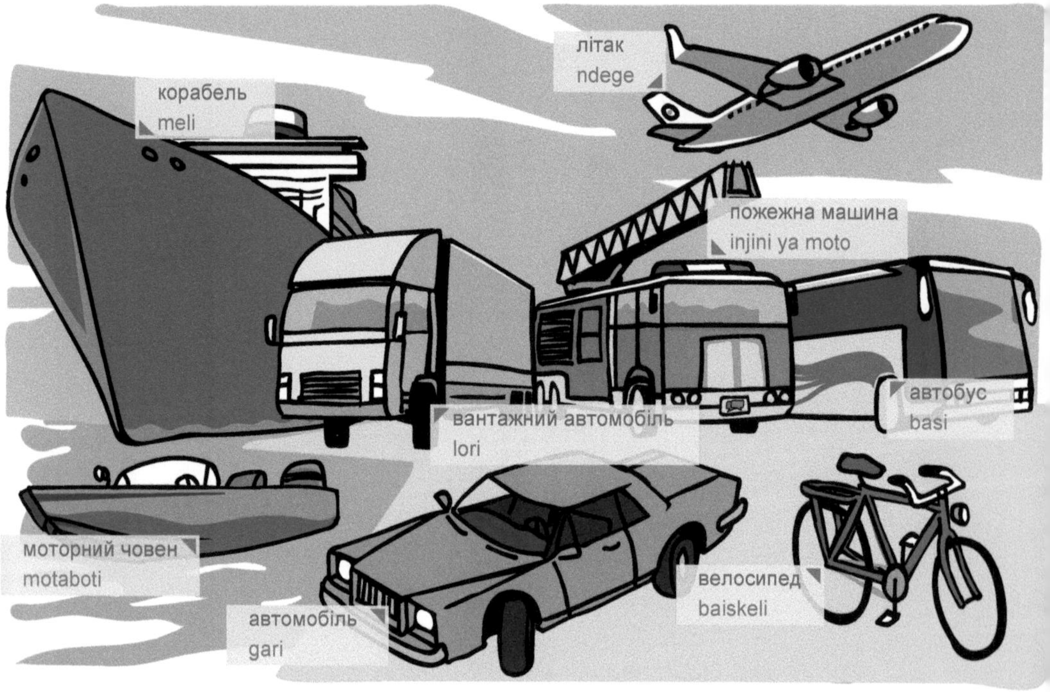
літак
ndege
корабель
meli
пожежна машина
injini ya moto
автобус
basi
вантажний автомобіль
lori
моторний човен
motaboti
велосипед
baiskeli
автомобіль
gari

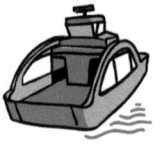

пором
feri

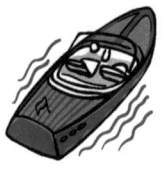

човен
mashua

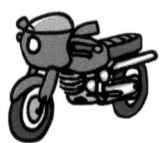

мотоцикл
pikipiki

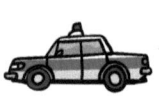

поліцейська машина
gari la polisi

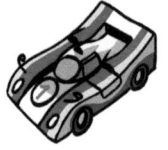

гоночний автомобіль
gari la mashindano

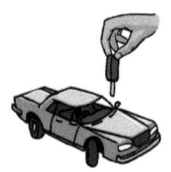

автомобіль на прокат
gari la kukodisha

спільне користування авто

kushiriki gari

евакуатор

lori la kuvuta

сміттєвоз

ukusanyaji taka

двигун

motor

паливо

mafuta

автозаправна станція

kituo cha mafuta

дорожній знак

ishara trafiki

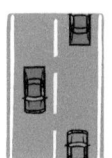

рух

trafiki

затор

msongamano

стоянка

maegesho

вокзал

kituo cha treni

рейки

reli

потяг

garimoshi

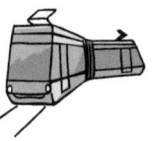

трамвай

tremu

вагон

gari la mizigo

гелікоптер

helikopta

аеропорт

uwanja wa ndege

вежа

mnara

пасажир

abiria

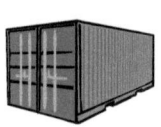

контейнер

chombo

коробка

katoni

візок

mkokoteni

кошик

kikapu

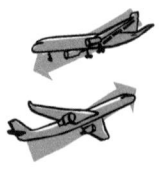

стартувати / приземлятися

ondoka

місто
jiji

село

kijiji

центр міста

katikati ya jiji

дім

nyumba

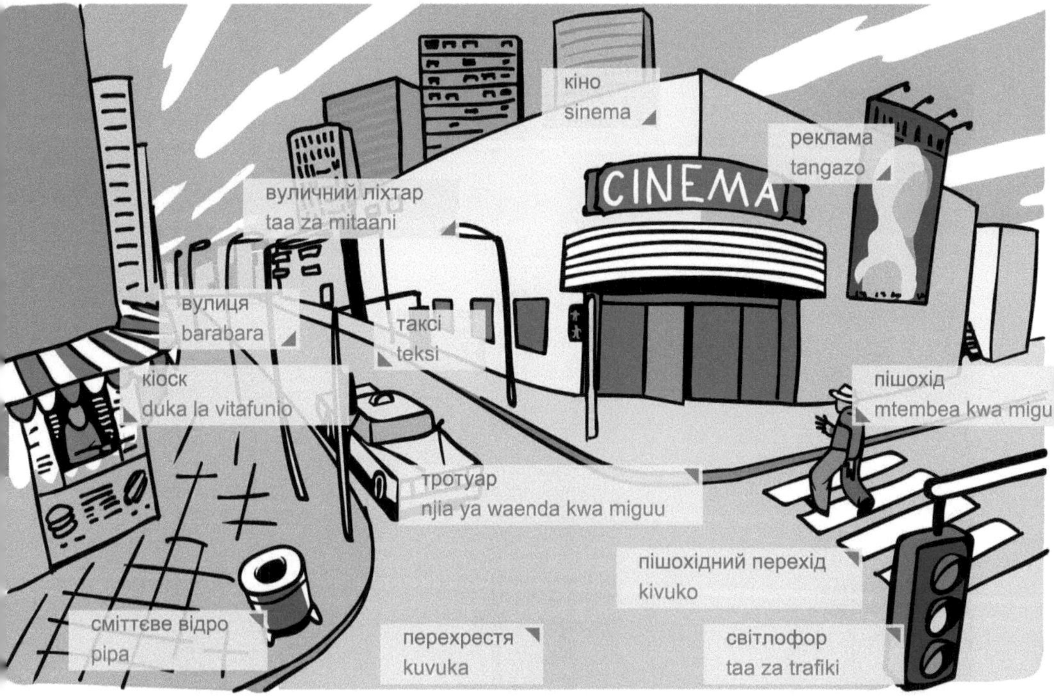

кіно
sinema

реклама
tangazo

вуличний ліхтар
taa za mitaani

вулиця
barabara

таксі
teksi

кіоск
duka la vitafunio

пішохід
mtembea kwa migu

тротуар
njia ya waenda kwa miguu

пішохідний перехід
kivuko

сміттєве відро
pipa

перехрестя
kuvuka

світлофор
taa za trafiki

CINEMA

хатина

kibanda

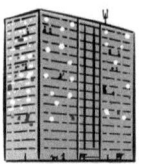

квартира

gorofa

вокзал

kituo cha treni

ратуша

ukumbi wa mji

музей

Makavazi

школа

shule

університет

chuo kikuu

банк

benki

лікарня

hospitali

готель

hoteli

аптека

duka la dawa

офіс

ofisi

книжковий магазин

duka la kitabu

магазин

duka

квітковий магазин

duka la maua

супермаркет

dukakuu

ринок

soko

універмаг

idara ya kuhifadhi

торговець рибою

mwuza samaki

торговельний центр

kituo cha ununuzi

гавань

bandari

парк

Hifadhi

лава

benki

міст

daraja

сходи

vidato

метро

chini ya ardhi

тунель

handaki

автобусна зупинка

kituo cha mabasi

бар

bar

ресторан

mgahawa

поштова скринька

sanduku la posta

вулична табличка

ishara ya barabara

лічильник паркування

mita ya maegesho

зоопарк

bustani ya wanyama

басейн

kidimbwi cha kuogelea

мечеть

msikiti

ферма

shamba

забруднення
навколишнього
середовища
uchafuzi

кладовище

makaburini

церква

kanisa

дитячий майданчик

uwanja wa michezo

храм

hekalu

ландшафт

mazingira

листок
jani

вказівний стовп
ishara ya mwelekeo

шлях
njia

луг
malisho

камінь
jiwe

дерево
mti

мандрівник
mtembeaji wa masafa

річка
mto

трава
nyasi

квітка
ua

долина
bonde

гора
kilima

озеро
ziwa

ліс
msitu

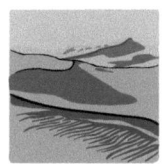

пустеля
jangwa

вулкан
volkano

замок
ngome

веселка
upinde wa mvua

гриб
uyoga

пальма
mtende

комар
mbu

муха
kuruka

мурашка
chungu

бджола
nyuki

павук
buibui

жук

mende

жаба

chura

вивірка

kuchakuro

їжак

nungunungu

заєць

sungura

сова

bundi

птах

ndege

лебідь

swan

кабан

nguruwe mwitu

олень

kulungu

лось

aina ya kongoni

гребля

bwawa

вітряк

tabo ya upepo

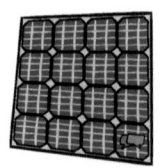

сонячний модуль

nishaji ya jua

клімат

hali ya hewa

ландшафт - mazingira

ресторан

mgahawa

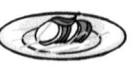

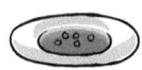

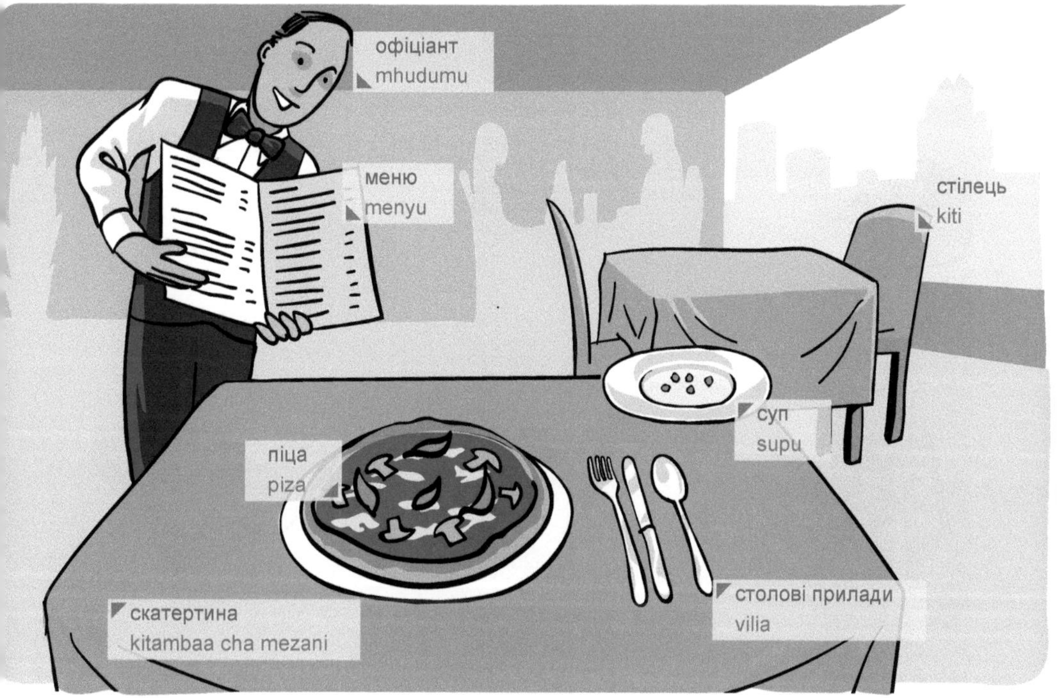

офіціант
mhudumu
меню
menyu
стілець
kiti
суп
supu
піца
piza
скатертина
kitambaa cha mezani
столові прилади
vilia

закуска

kiamsha hamu

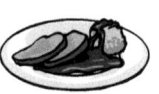

друга страва

kozi kuu

десерт

kitindamlo

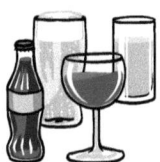

напої

vinywaji

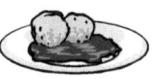

їжа

chakula

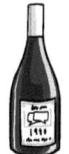

пляшка

chupa

фаст-фуд

chakula cha haraka

вулична їжа

Streetfood

чайник

buli

цукорниця

kisanduku cha sukari

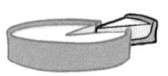

порція

sehemu

еспресо-машина

mashine ya espresso

високий стільчик

kiti kirefu

рахунок

muswada

піднос

trei

ніж

kisu

вилка

uma

ложка

kijiko

чайна ложка

kijiko cha chai

серветка

nepi

склянка

glasi

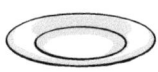

тарілка

sahani

тарілка для супу

sahani ya supu

блюдце

sufuria

соус

mchuzi

солонка

kichanyaji chumvi

млин для перцю

kinu cha pilipili

оцет

siki

масло

mafuta

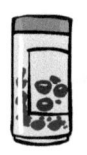

спеції

viungo

кетчуп

kechapu

гірчиця

haradali

майонез

kachumbari nzito

супермаркет
dukakuu

пропозиція
ofa maalum
FOR
клієнт
mteja
молочні продукти
maziwa
фрукти
matunda
візок для покупок
toroli

BUTCHERS

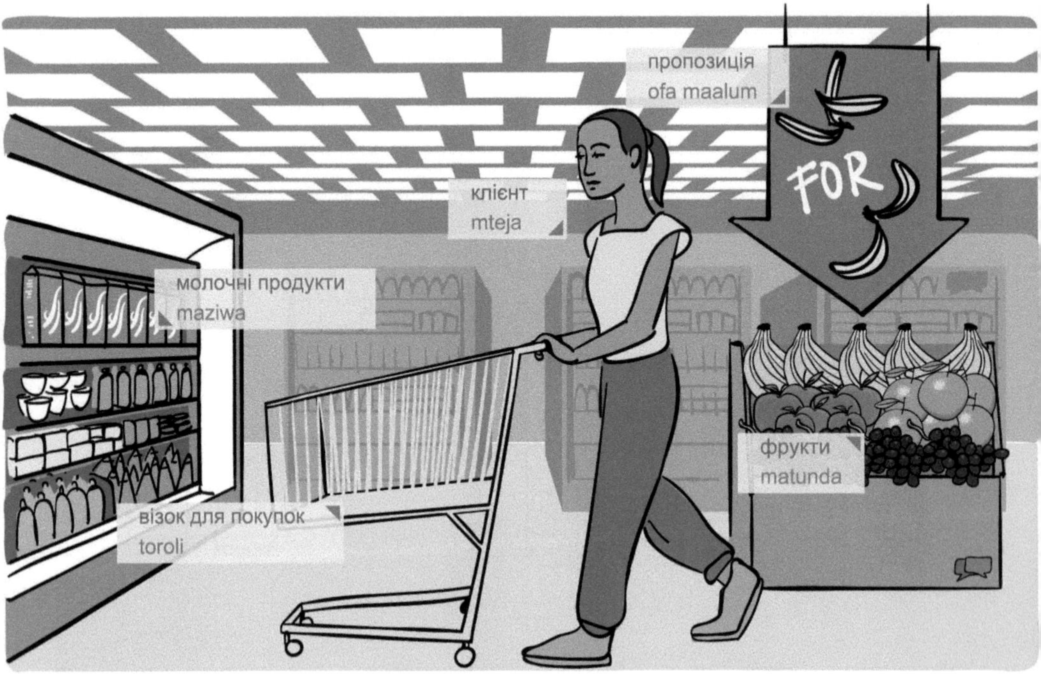

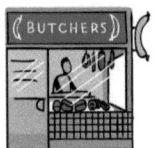

м'ясний магазин

mchinjaji

BAKERY

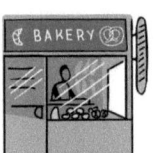

пекарня

mwokaji

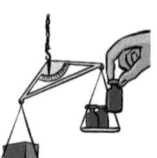

зважувати

uzito

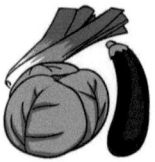

овочі

mboga

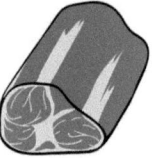

м'ясо

nyama

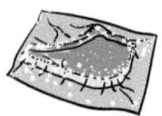

заморожені продукти

chakula waliohifadhiwa

ковбасна нарізка

vipande vya nyama baridi

консерви

chakula cha kopo

пральний порошок

sabuni ya unga

солодощі

pipi

предмети домашнього побуту

bidhaa za kaya

мийний засіб

bidhaa za kusafisha

продавщиця

mtu mauzo

каса

mpaka

касир

keshia

список покупок

orodha ya manunuzi

часи роботи

masaa ya ufunguzi

гаманець

mkoba

кредитна картка

kadi

сумка

mfuko

поліетиленовий пакет

mfuko wa plastiki

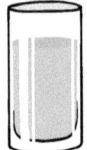

вода

maji

сік

sharubati

молоко

maziwa

кола

coke

вино

mvinyo

пиво

bia

алкоголь

pombe

какао

kakao

чай

chai

кава

kahawa

еспресо

spreso

капучіно

kapuchino

банан

ndizi

яблуко

tufaha

апельсин

machungwa

кавун

tikiti

лимон

lemon

морква

karoti

часник

kitunguu saumu

бамбук

mianzi

цибуля

kitunguu

гриб

uyoga

горішки

karanga

локшина

nudo

спагеті

spageti

рис

mpunga

салат

saladi

картопля фрі

vibanzi

смажена картопля

viazi vya kukaanga

піца

piza

гамбургер

hambaga

бутерброд

sandwichi

шніцель

kipande

шинка

paja la mnyama

салямі

salami

ковбаса

soseji

курка

kuku

печеня

choma

риба

samaki

вівсяні пластівці

oats ya uji

мюслі

muesli

кукурудзяні пластівці

cornflakes

борошно

unga

круасан

kroisanti

булочка

andazi

хліб

mkate

тостовий хліб

mkate wa kubanika

печиво

biskuti

масло

siagi

сир

maziwa mgando

пиріг

keki

яйце

yai

яєчня

yai kukaanga

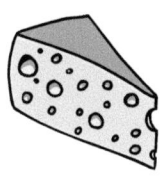

сир

jibini

морозиво

aiskrimu

цукор

sukari

мед

asali

мармелад

jemu

нуга-крем

kuenea kwa chokoleti

карі

mchuzi wa viungo

ферма
shamba

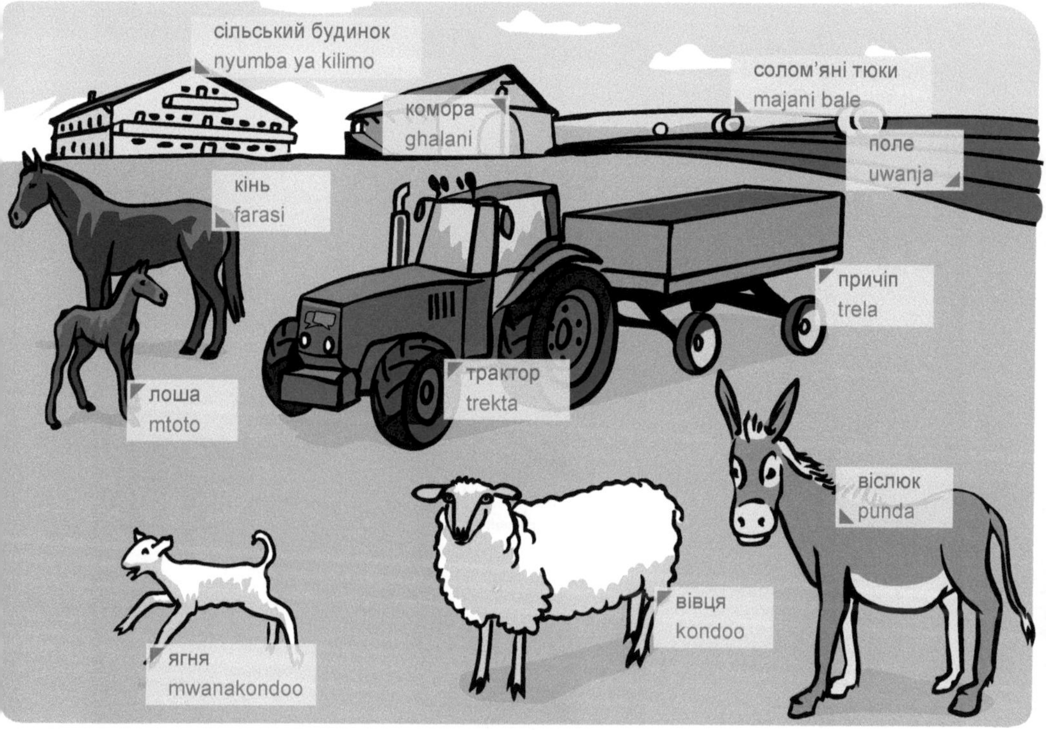
сільський будинок
nyumba ya kilimo
комора
ghalani
солом'яні тюки
majani bale
поле
uwanja
кінь
farasi
причіп
trela
трактор
trekta
лоша
mtoto
віслюк
punda
вівця
kondoo
ягня
mwanakondoo

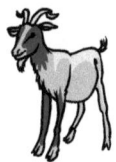

коза
mbuzi

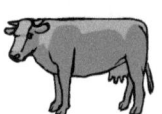

корова
ng'ombe

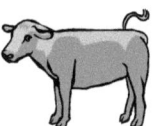

теля
ndama

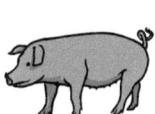

свиня
nguruwe

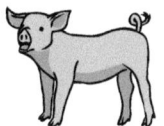

порося
mwananguruwe

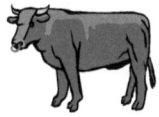

бик
fahali

гусак

batabukini

качка

bata

курча

kifaranga

курка

kuku

півень

jogoo

щур

panya

кіт

paka

миша

panya

віл

ng'ombe

собака

mbwa

собача будка

nyumba ya mbwa

садовий шланг

bomba la bustani

лійка

debe la kumwagilia maji

коса

fyekeo

плуг

kulima

серп

mundu

мотика

jembe

вила

uma wa nyasi

сокира

shoka

тачка

toroli

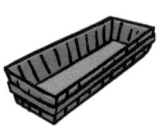

корито

kupitia nyimbo

бідон молока

chombo cha maziwa

мішок

gunia

паркан

ua

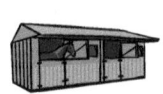

хлів

imara

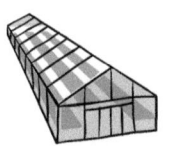

теплиця

chafu

ґрунт

udongo

насіння

mbegu

добриво

mbolea

комбайн

kivunaji

пожинати

mavuno

урожай

mavuno

корінь ямсу

viazi vikuu

пшениця

ngano

соя

soya

картопля

viazi

кукурудза

mahindi

ріпак

rapa

плодове дерево

mti wa matunda

маніок

muhogo

злаки

nafaka

дім

nyumba

димохід
chimni
дах
paa
водостічний лоток
bomba la maji ya mvua
вікно
dirisha
гараж
gareji
дзвінок
kengele ya mlangoni
двері
mlango
відро для сміття
pipa la taka
поштова скринька
sanduku la barua
сад
bustani

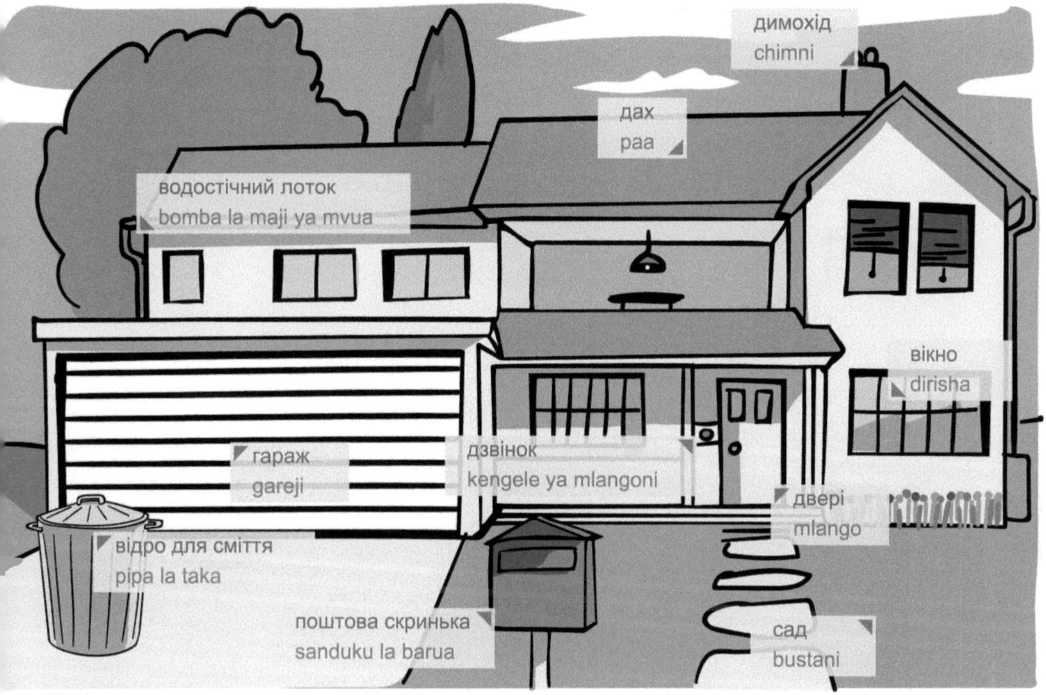

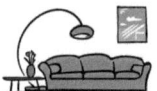

вітальня

sebuleni

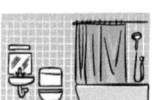

ванна кімната

bafu

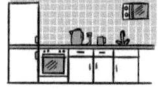

кухня

jikoni

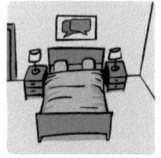

спальня

chumba cha kulala

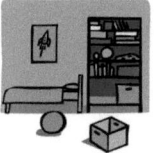

дитяча кімната

chumba ya mtoto

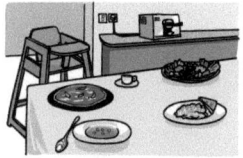

їдальня

chumba cha kulia

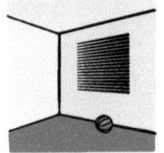

підлога

sakafu

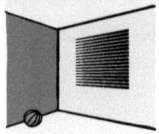

стіна

ukuta

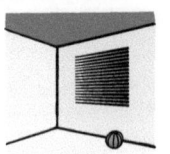

стеля

dari

підвал

pishi

сауна

sauna

балкон

roshani

тераса

mtaro

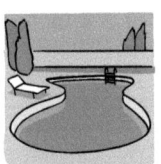

басейн

kidimbwi

косарка

mashine ya kukata nyasi

простирало

karatasi

ковдра

kitambaa cha kupamba kitanda

ліжко

kitanda

мітла

ufagio

відро

ndoo

перемикач

kubadili

вітальня
sebuleni

шпалери
mandhari
малюнок
picha
лампа
taa
поличка
rafu
шафа
kabati
телевізор
televisheni/runinga
камін
mekoni
квітка
ua
подушка
mto
диван
sofa
ваза
chombo cha maua
пульт
kitenzambali

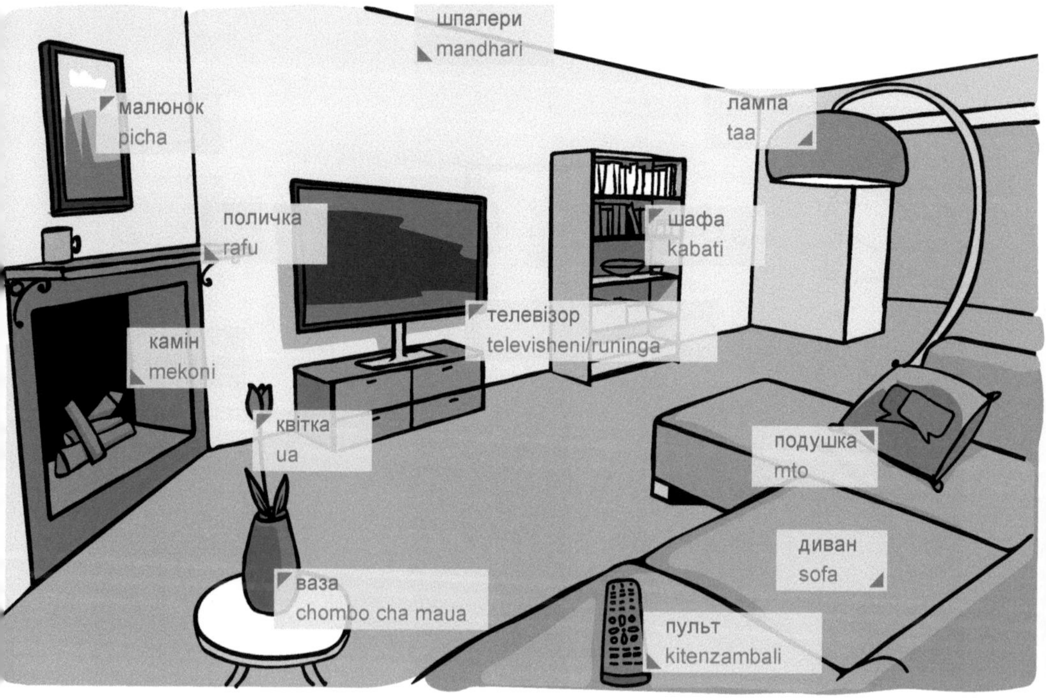

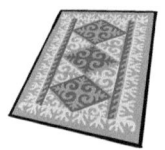

килим
zulia

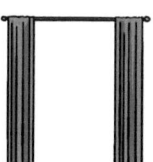

завіса
pazia

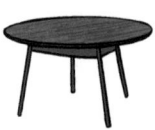

стіл
meza

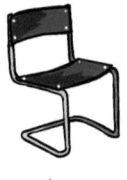

стілець
kiti

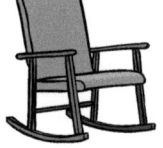

крісло-гойдалка
kiti cha bembea

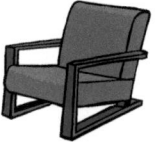

крісло
armchair

книга

kitabu

ковдра

blanketi

прикраса

mapambo

дрова

kuni

фільм

filamu

стереосистема

kifaa cha hi-fi

ключ

ufunguo

газета

gazeti

картина

uchoraji

плакат

bango

радіо

redio

блокнот

daftari

пилосос

kifyonza

кактус

dungusi kakati

свічка

mshumaa

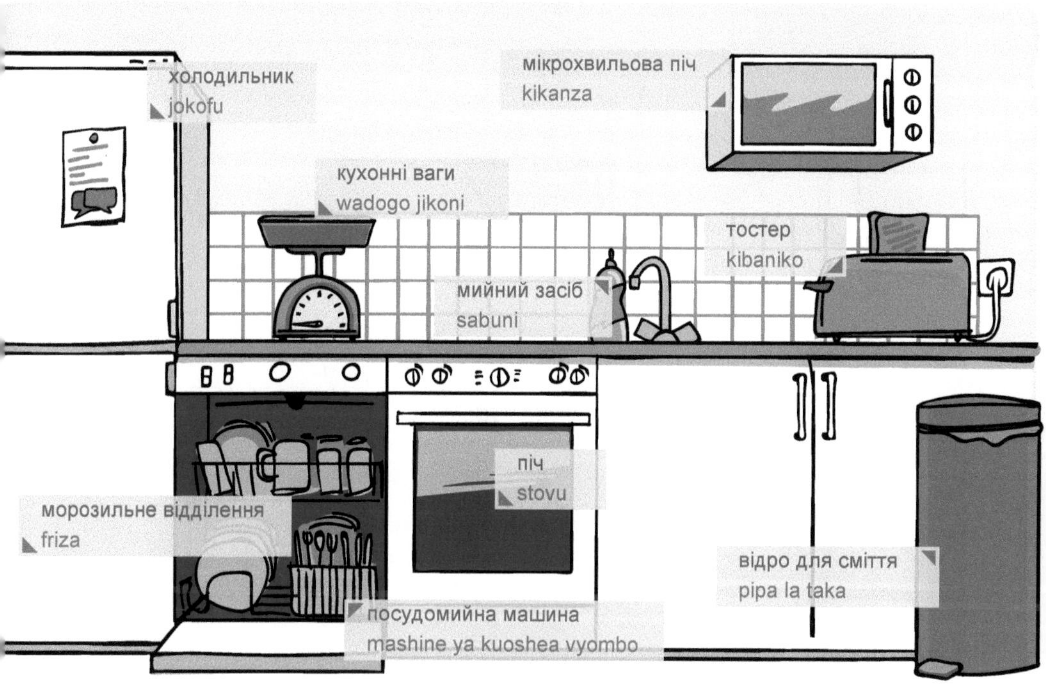

холодильник
jokofu

мікрохвильова піч
kikanza

кухонні ваги
wadogo jikoni

тостер
kibaniko

мийний засіб
sabuni

піч
stovu

морозильне відділення
friza

відро для сміття
pipa la taka

посудомийна машина
mashine ya kuoshea vyombo

плита

jiko la kupika

горщик

chungu

чавунний горщик

sufuria ya chuma

вок / кадай

wok / kadai

сковорода

kaango

чайник

birika

пароварка

stima

лист

sinia ya kuoka

посуд

vyombo vya udongo

кухоль

kombe

чаша

bakuli

палички для їжі

vijiti vya kulia

черпак

ukawa

лопатка

mwiko mpana

вінчик для збивання

burashi

сито

kichujio

сито

chujio

терка

mbuzi

ступка

chokaa

барбекю

barbeque

багаття

moto wazi

дошка

ubao wa majaribio

качалка

kijiti cha kusukuma unga

штопор

kizibuo

конзерва

kopo

відкривачка

inaweza kopo

прихватки

kishikio cha chungu

раковина

karo

щітка

brashi

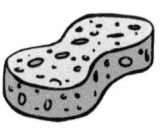

губка

sifongo

міксер

kisagaji matunda

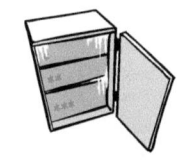

морозильна камера

friji ya kina

дитяча пляшка

chupa ya mtoto

кран

bomba

ванна кімната
bafu

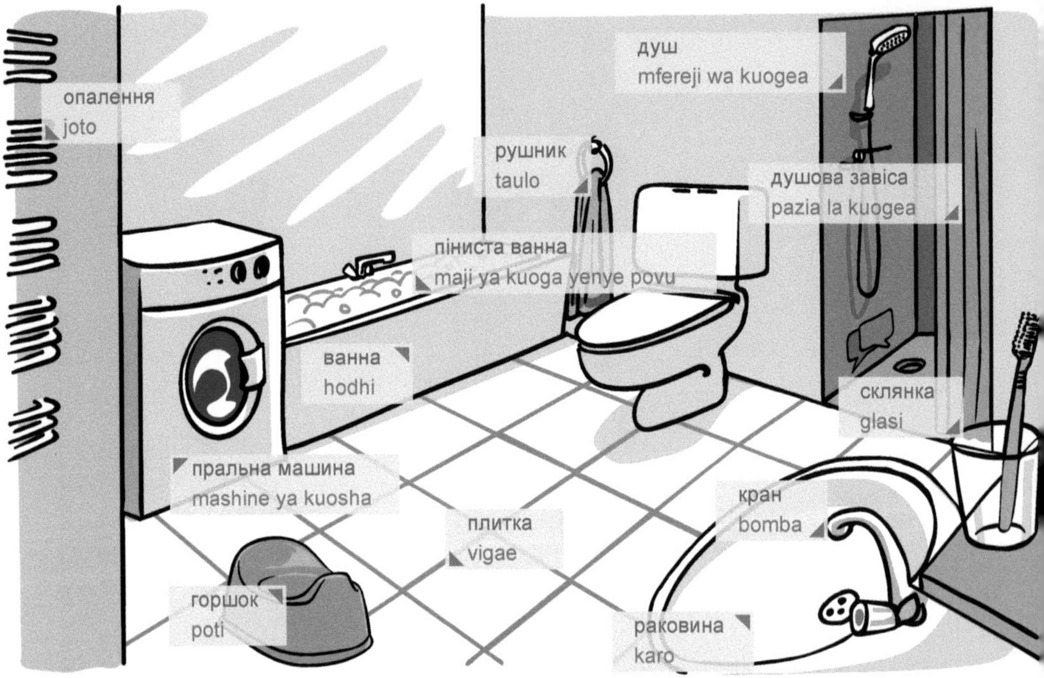

душ
mfereji wa kuogea

опалення
joto

рушник
taulo

душова завіса
pazia la kuogea

піниста ванна
maji ya kuoga yenye povu

ванна
hodhi

склянка
glasi

пральна машина
mashine ya kuosha

кран
bomba

плитка
vigae

горшок
poti

раковина
karo

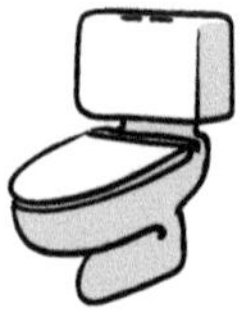

туалет
choo

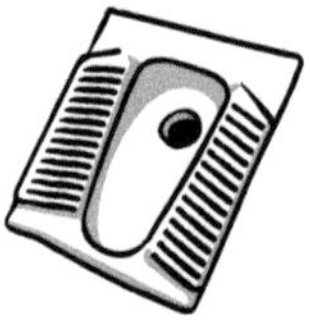

підлоговий туалет
choo cha squat

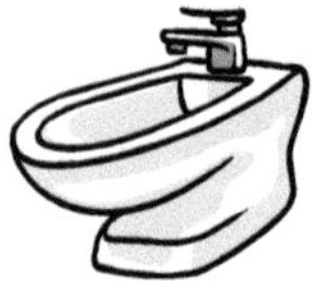

біде
beseni la mviringo

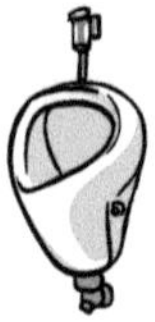

пісуар
choo cha umma

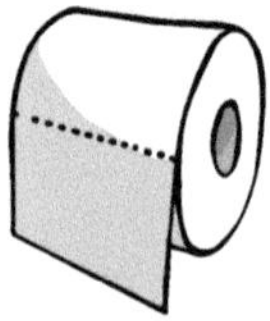

туалетний папір
shashi

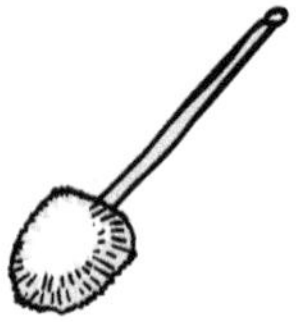

щітка для туалету
brashi ya choo

зубна щітка

mswaki

зубна паста

dawa ya meno

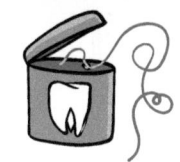

нитка для чищення зубів

dawa ya meno

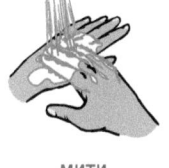

мити

safisha

ручний душ

kuoga mkono

інтимний душ

msukumo wa maji

таз

bonde

щітка для спини

mpako wa pili

мило

sabuni

гель для душу

jeli ya kuogea

шампунь

shampuu

мочалка

flana

водостік

toa maji

крем

krimu

дезодорант

kiondoa harufu

дзеркало

kioo

косметичне дзеркало

kioo mkono

бритва

kinyozi

піна для гоління

povu la kunyoa

лосьйон після гоління

baada ya kunyoa

гребінь

kichana

щітка

brashi

фен

kikausha nywele

лак для волосся

marashi ya nyewele

косметика

vipodozi

губна помада

kidomwa

лак для нігтів

varnish ya msumari

вата

pamba

ножиці для нігтів

mkasi wa kucha

парфум

manukato

косметичка

mkoba wa kuosha

табурет

kinyesi

ваги

mizani

халат

nguo ya kuoga

гумові рукавички

glavu za mpira

тампон

kisodo

гігієнічні прокладки

sodo

біотуалет

kemikali choo

дитяча кімната

chumba ya mtoto

будильник
saa ya kengele
м'яка іграшка
kidoli cha kupakata
іграшковий автомобіль
gari bandia
брязкальце
kelele
ляльковий будиночок
chumba cha midoli
подарунок
sasa

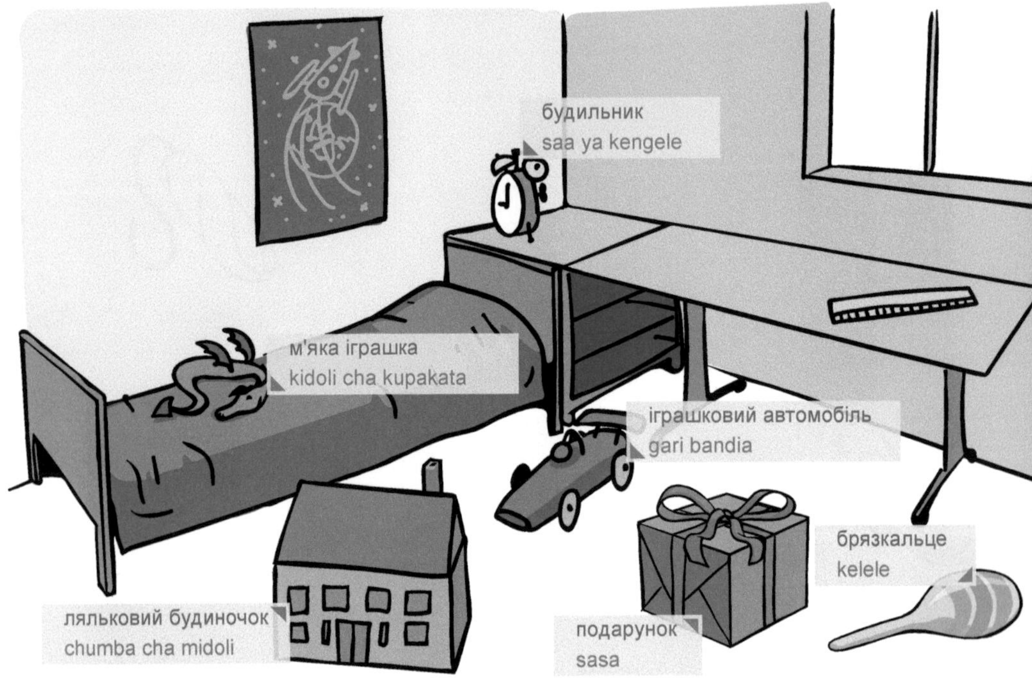

повітряна кулька

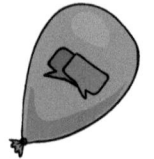

baluni

ліжко

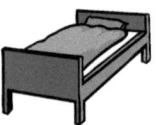

kitanda

дитячий візок

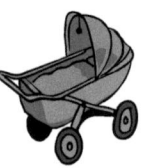

mashua

картярська гра

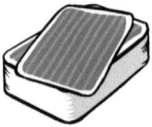

staha ya kadi

пазл

mchezo-fumb

SUPER MEGA

комікс

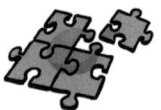

vichekesho

лего цеглинки

matofali lego

блоки

vitalu mwigo

іграшкова фігурка

hatua takwimu

повзунки

suti ya kulalia

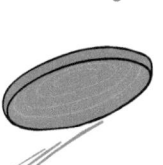

фризбі

kisahani

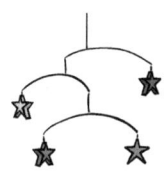

мобіле

simu

настільна гра

ubao wa michezo

кубик

kete

модель залізнична станція

garimoshi mwigo

соска

dummy

вечірка

chama

книжка з картинками

picha kitabu

м'яч

mpira

лялька

kikaragosi

грати

kucheza

дитяча кімната - chumba ya mtoto

пісочниця

shimo la mchanga

гойдалка

bembea

іграшка

vitu bandia

гральна консоль

kiweko cha video ya
mchezo

триколісний велосипед

baiskeli ya magurudumu

плюшевий мішка

mwanasesere

matatu

шафа

kabati

шкарпетки

soksi

панчохи

stokingi

колготки

kibano

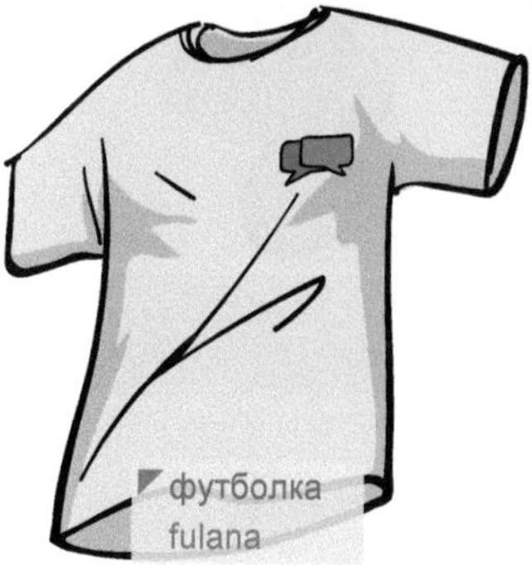

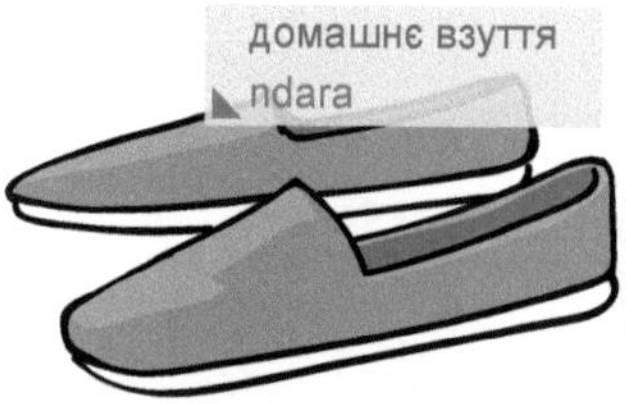

шарф
skafu

ремінь
ukanda

парасоля
mwavuli

футболка
fulana

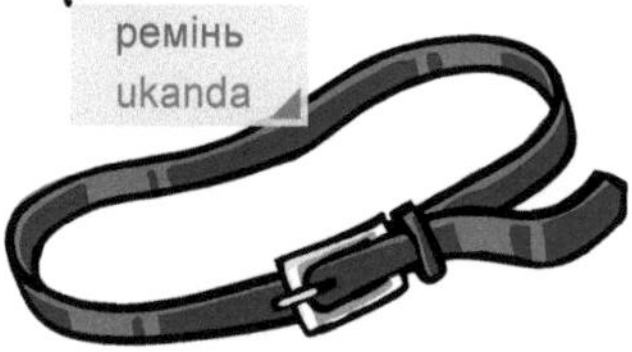

чоботи
viatu

домашнє взуття
ndara

кросівки
wakufunzi

сандалі
....
malapa

взуття
....
viatu

гумові чоботи
....
mabuti ya mpira

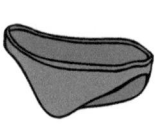

труси
....
suruali ya ndani

бюстгальтер
....
sidiria

нижня сорочка
....
fulana

боді

mwili

штани

suruali

джинси

dangirizi

спідниця

sketi

блузка

blauzi

сорочка

shati

пуловер

vuta

светр

sweta

піджак

bleza

куртка

jaketi

пальто

koti

дощовик

koti la mvua

костюм

maleba

сукня

gauni

весільна сукня

mavazi ya harusi

костюм
suti

нічна сорочка
vazi la usiku

піжама
pajama

сарі
sari

головна хустка
skafu

чалма
kilemba

бурка
burka

кафтан
kaftan

абая
abaya

купальник
vazi la kuogelea

плавки
vazi la kiume la kuogelea

шорти
kaptura

тренувальний костюм
teitei

фартух
aproni

рукавички
glavu

гудзик

kifungo

окуляри

glasi

браслет

bangili

ланцюг

mkufu

кільце

pete

сережка

herini

шапка

kofia

плічка

kiango cha koti

капелюх

kofia

краватка

tai

застібка-блискавка

zipu

шолом

kofia

підтяжки

kanda za suruali

шкільна форма

sare za shule

уніформа

sare

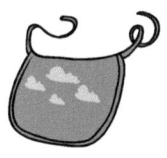

нагрудник

bibu

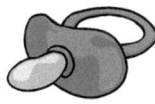

соска

dummy

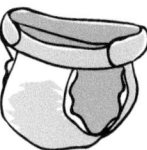

підгузок

nepi

офіс

ofisi

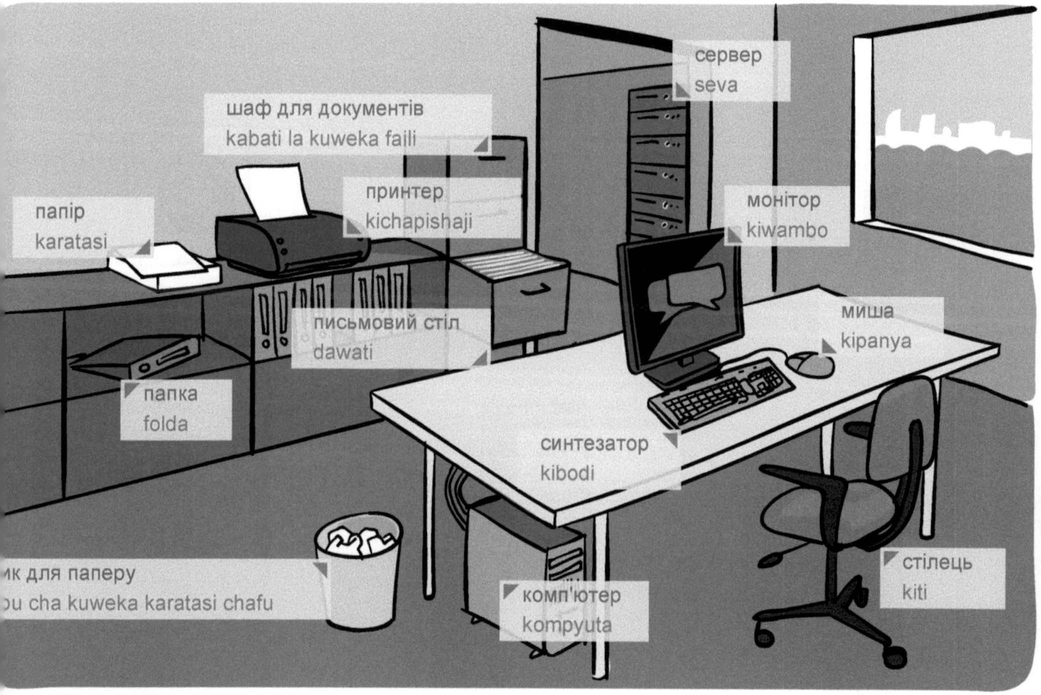

сервер
seva
шаф для документів
kabati la kuweka faili
принтер
kichapishaji
папір
karatasi
монітор
kiwambo
письмовий стіл
dawati
миша
kipanya
папка
folda
синтезатор
kibodi
ик для паперу
ou cha kuweka karatasi chafu
стілець
kiti
комп'ютер
kompyuta

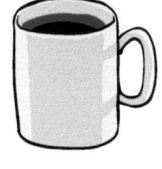

кавовий кухоль

kmobe la kahawa

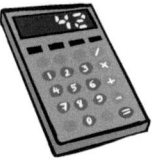

калькулятор

kikokotoo

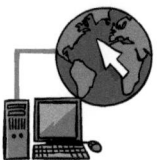

інтернет

biashara

ноутбук

mbali

лист

barua

повідомлення

ujumbe

мобільний телефон

rununu

мережа

intaneti

копіювальний пристрій

fotokopia

програмне забезпечення

programu

телефон

simu

розетка

soketi

факс

kipepesi

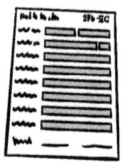

бланк

fomu

документ

hati

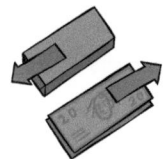

купувати

kununua

платити

kulipa

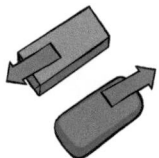

торгувати

biashara

гроші

fedha

долар

dola

євро

yuro

ієна

yeni

рубль

rouble

франк

faranga ya Uswisi

юанів женьміньбі

renminbi yuan

рупія

rupia

банкомат

eneo la kulipia

обмінний пункт

ofisi ya ubadilishanaji

золото

dhahabu

срібло

fedha

нафта

mafuta

енергія

nishati

ціна

bei

контракт

mkataba

податок

kodi

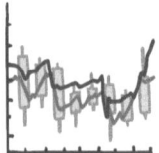

акція

bidhaa

працювати

kazi

працівник

mfanyakazi

роботодавець

mwajiri

фабрика

kiwanda

магазин

duka

професії
kazi

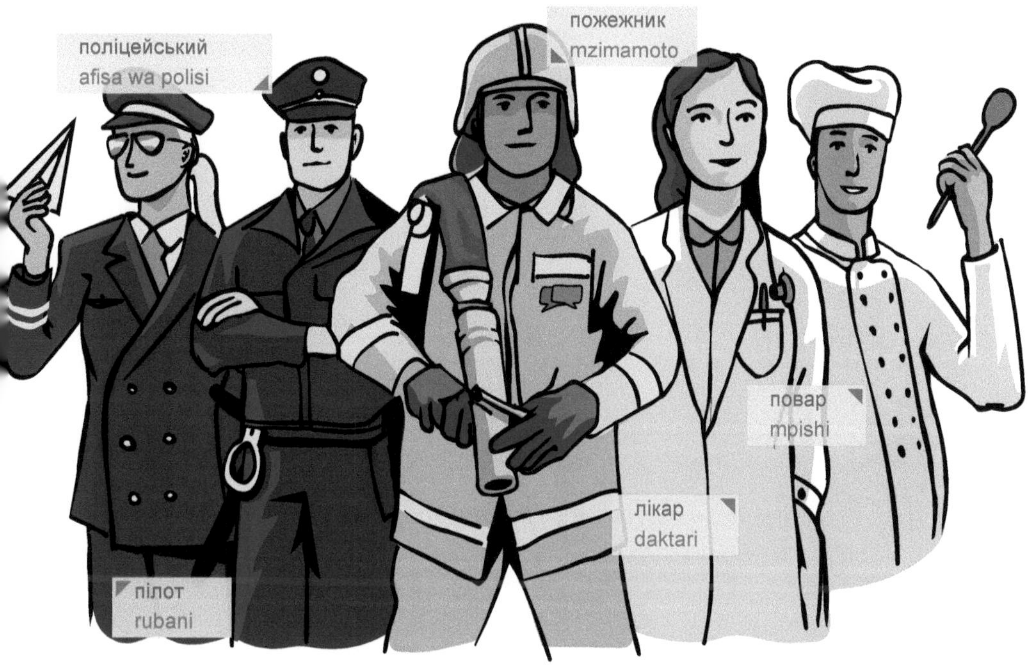
поліцейський
afisa wa polisi
пожежник
mzimamoto
повар
mpishi
лікар
daktari
пілот
rubani

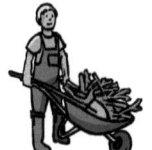

садівник

mtunza bustani

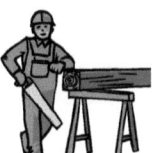

столяр

seremala

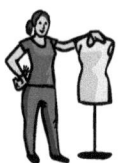

швачка

mshonaji

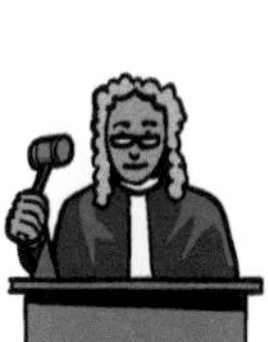

суддя

hakimu

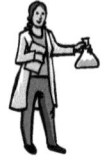

хімік

mwanakemia

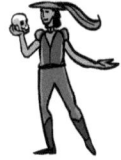

актор

muigizaji

водій автобуса

dereva wa basi

таксист

dereva wa teksi

рибалка

mvuvi

прибиральниця

mwanamke wa kusafisha

покрівельник

mwezekaji

офіціант

mhudumu

мисливець

mwindaji

художник

mchoraji

пекар

mwokaji

електрик

umeme

будівельник

mjenzi

інженер

mhandisi

забійник

mchinjaji

бляхар

fundi bomba

листоноша

mwanaposta

солдат

mwanajeshi

архітектор

msanifu majengo

касир

keshia

флорист

muuza maua

перукар

msusi

кондуктор

kondakta

механік

mekanika

капітан

nahodha

дантист

daktari wa meno

вчений

mwanasayansi

рабин

rabbi

імам

imamu

монах

mtawa

пастор

kasisi

інструменти

zana

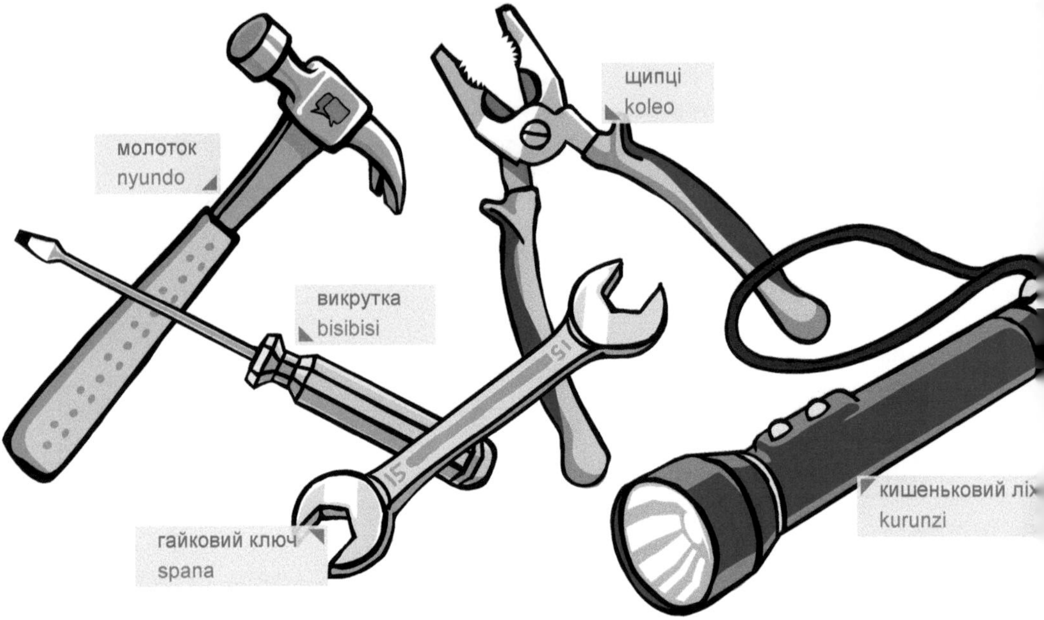
молоток
nyundo
щипці
koleo
викрутка
bisibisi
гайковий ключ
spana
кишеньковий лі
kurunzi

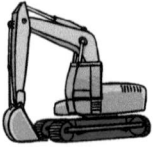

екскаватор

mchimbaji

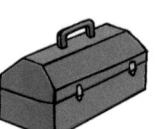

ящик для інструментів

sanduku la vifaa

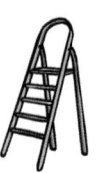

драбина

ngazi

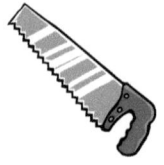

пилка

msumeno

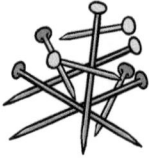

цвяхи

misumari

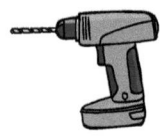

свердло

kuchimba visima

ремонтувати

kukarabati

лопата

sepetu

лайно!

Lo!

совок

kishikio cha uchafu

відро з фарбою

chungu cha rangi

гвинти

skurubu

музичні інструменти
ala za muziki

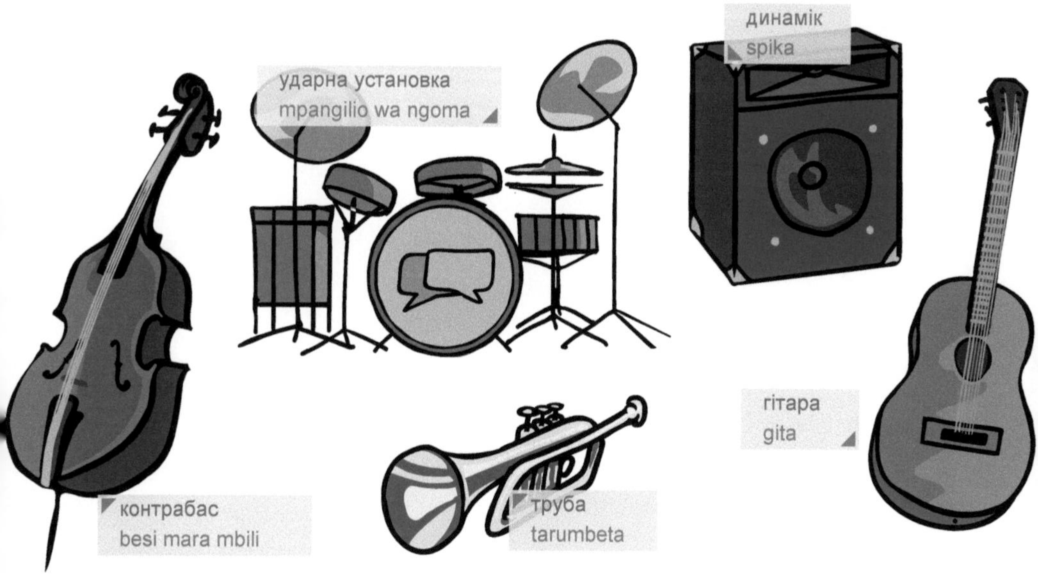

динамік
spika

ударна установка
mpangilio wa ngoma

гітара
gita

контрабас
besi mara mbili

труба
tarumbeta

фортепіано

piano

скрипка

fidla

бас

ubeji

литаври

timpani

барабан

ngoma

клавіатура

kibodi

саксофон

saksafoni

флейта

filimbi

мікрофон

maikrofoni

зоопарк
bustani ya wanyama

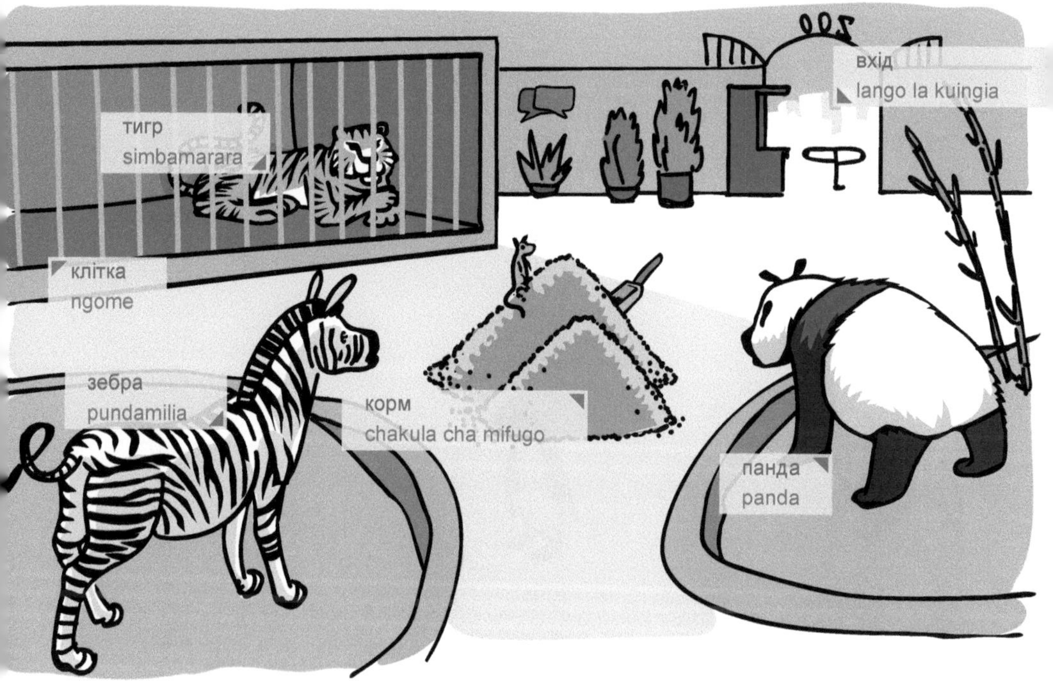

вхід
lango la kuingia
тигр
simbamarara
клітка
ngome
зебра
pundamilia
корм
chakula cha mifugo
панда
panda

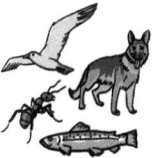

тварини

wanyama

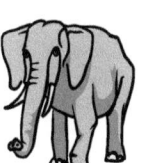

слон

tembo

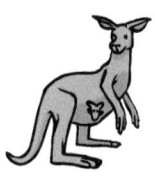

кенгуру

kangaruu

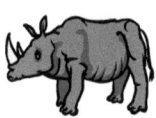

носоріг

kifaru

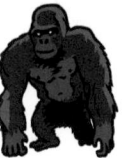

горила

sokwe

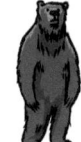

ведмідь

dubu

верблюд

ngamia

страус

mbuni

лев

simba

мавпа

tumbili

фламінго

heroe

папуга

kasuku

білий ведмідь

dubu

пінгвін

penguini

акула

papa

павич

tausi

змія

nyoka

крокодил

mamba

працівник зоопарку

mtunza wanyama

тюлень

muhuri

ягуар

jaguar

поні

mwanafarasi

леопард

chui

гіпопотам

kiboko

жираф

twiga

орел

tai

кабан

nguruwe mwitu

риба

samaki

черепаха

kobe

морж

sili

лисиця

mbweha

газель

paa

американський футбол
soka ya marekani

їзда на велосипеді
uendeshaji baiskeli

теніс
tenisi

баскетбол
mpira wa kikapu

плавання
kuogelea

бокс
ndondi

хокей
magongo ya barafuni

футбол
soka

бадмінтон
vinyoya

легка атлетика
riadha

гандбол
mpira wa mikono

лижні перегони
skii

поло
polo

дії
shughuli

стрибати
kuruka
обіймати
kumbatia
сміятися
cheka
йти
kutembea
співати
kuimba
мріяти
ota ndoto
молитися
kuomba
цілувати
busu

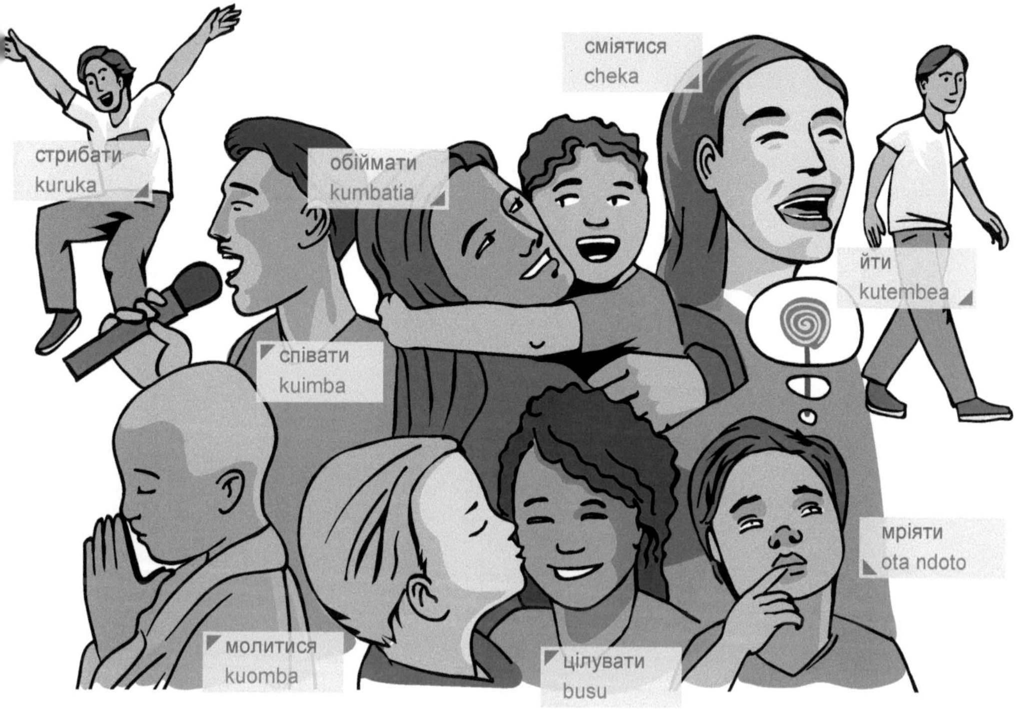

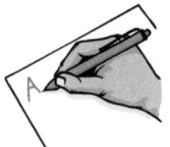

писати
kuandika

малювати
kuteka

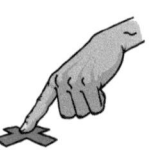

показувати
angalia

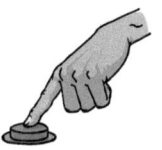

тиснути
sukuma

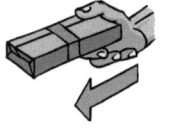

давати
kutoa

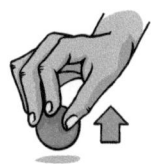

брати
kuchukua

мати

kuwa

робити

fanya

бути

kuwa

стояти

kusimama

бігати

kukimbia

тягнути

vuta

кидати

kutupa

падати

kuanguka

лежати

hadaa

очікувати

kusubiri

носити

kubeba

сидіти

kukaa

одягати

vaa nguo

спати

usingizi

просипатися

kuamka

дивитися

kuangalia

плакати

lia

гладити

kiharusi

розчісувати

chana nywele

розмовляти

ongea

розуміти

kuelewa

питати

kuuliza

слухати

kusikiliza

пити

kunywa

їсти

kula

прибирати

nadhifisha

любити

upendo

варити

mpishi

їхати

gari

літати

kuruka

йти під вітрилом

meli

рахувати

kokotoa

читати

kusoma

вчитися

kujifunza

працювати

kazi

одружуватися

kuoa

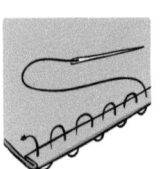

шити

kushona

чистити зуби

piga mswaki

убивати

kuua

курити

moshi

посилати

kutuma

сім'я

familia

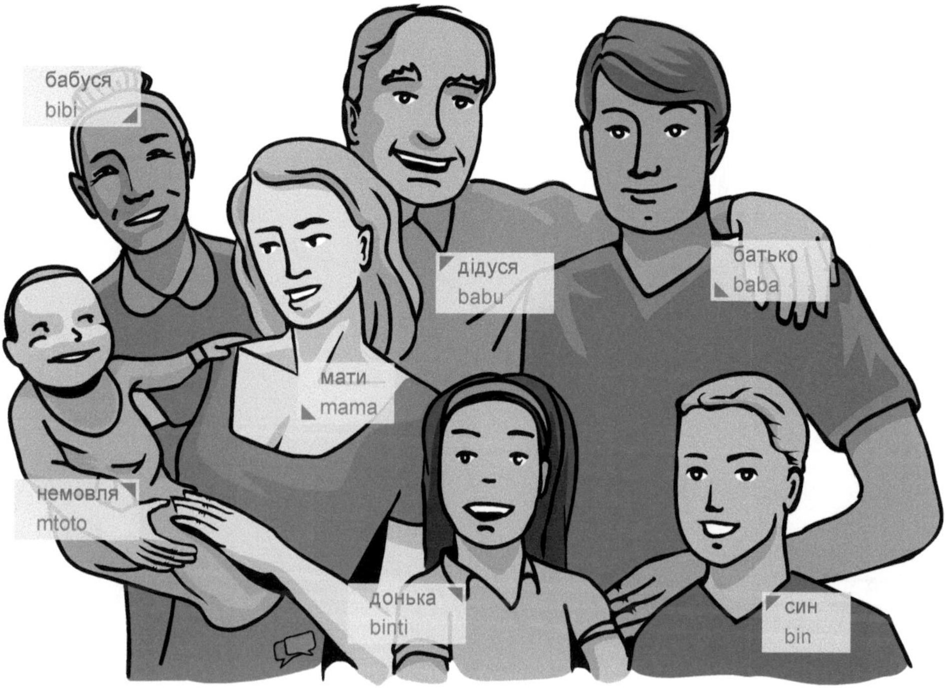
бабуся
bibi
дідуся
babu
батько
baba
мати
mama
немовля
mtoto
донька
binti
син
bin

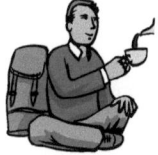

гість

mgeni

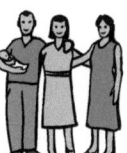

тітка

shangazi

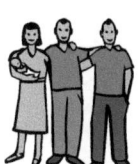

дядько

mjomba

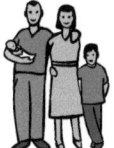

брат

kaka

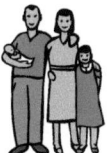

сестра

dada

тіло

mwili

чоло
paji la uso
око
jicho
плече
bega
палець
kidole
обличчя
uso
підборіддя
kidevu
кисть
mkono
нога
mguu
груди
matiti
рука
mkono

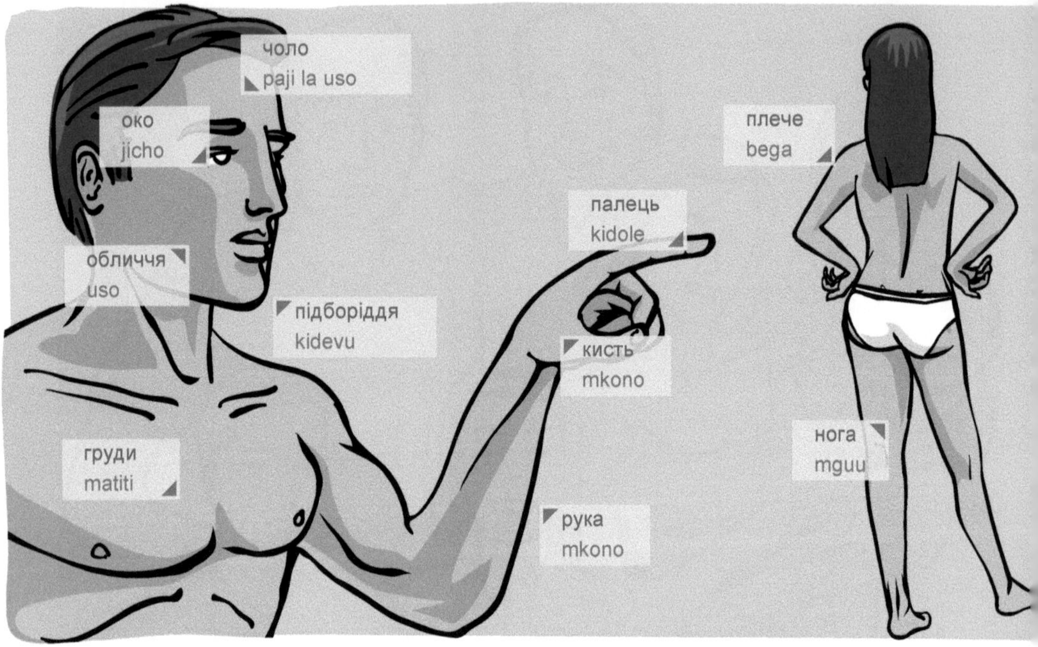

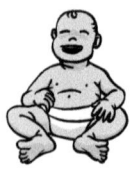

немовля

mtoto

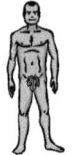

чоловік

mwanamume

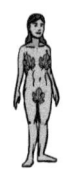

жінка

mwanamke

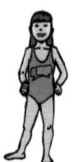

дівчина

msichana

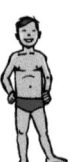

хлопчик

mvulana

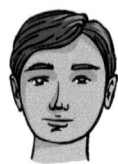

голова

kichwa

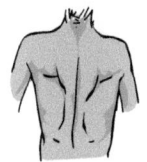

спина

nyuma

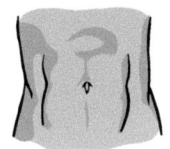

живіт

tumbo

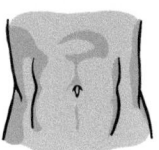

пуп

kitovu

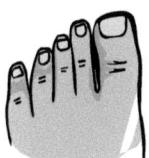

палець ноги

chano

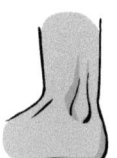

п'ята

kisigino

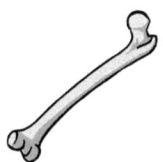

кістка

mfupa

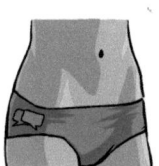

стегно

nyonga

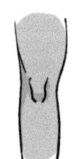

коліно

goti

лікоть

kiwiko

ніс

pua

сідниці

chini

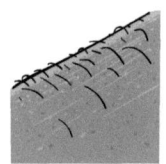

шкіра

ngozi

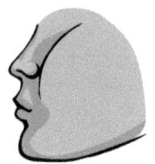

щока

shavu

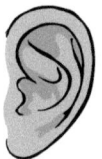

вухо

sikio

губа

mdomo

рот

kinywa

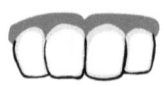

зуб

jino

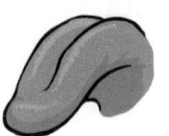

язик

ulimi

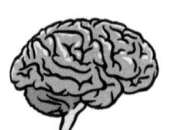

мозок

ubongo

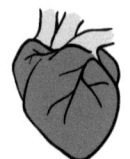

серце

moyo

м'яз

misuli

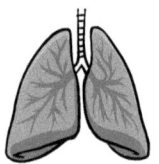

легені

pafu

печінка

ini

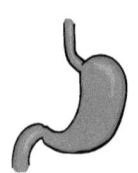

шлунок

tumbo

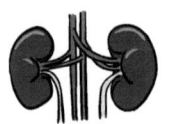

нирки

figo

статевий акт

jinsia

презерватив

kondomu

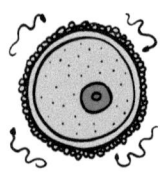

яйцеклітина

ovari

сперма

shahawa

вагітність

mimba

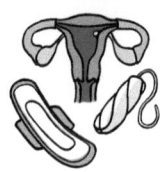

менструація

hedhi

вагіна

uke

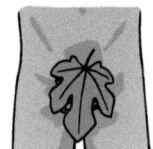

пеніс

uume

брова

unyusi

волосся

nywele

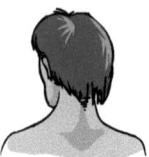

шия

shingo

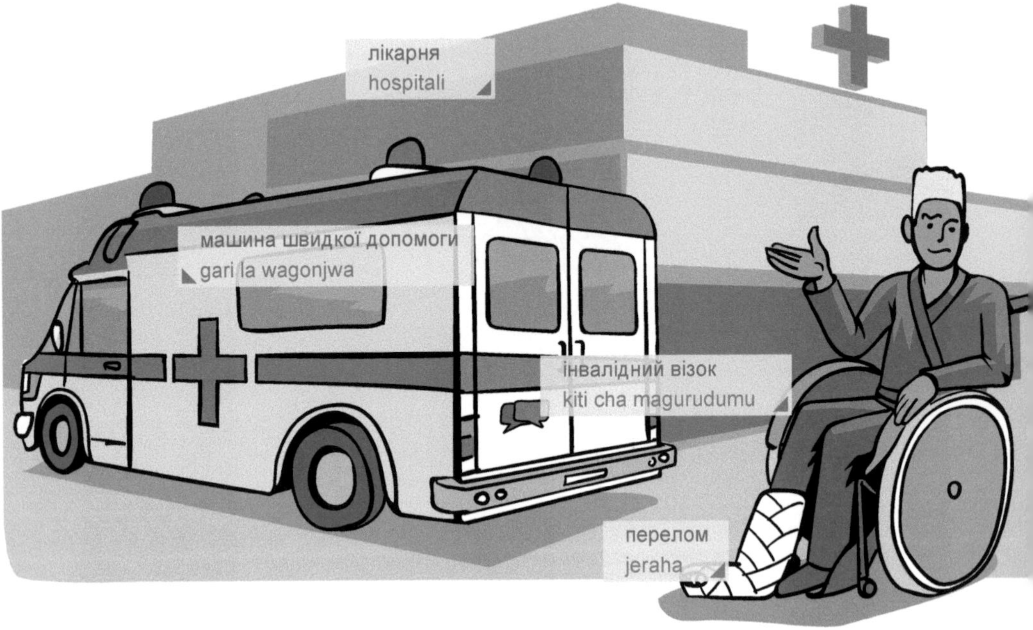

лікарня
hospitali

машина швидкої допомоги
gari la wagonjwa

інвалідний візок
kiti cha magurudumu

перелом
jeraha

лікар

daktari

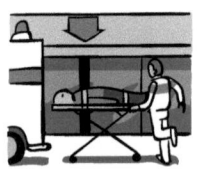

відділення швидкої
медичної допомоги

chumba cha dharura

медсестра

muuguzi

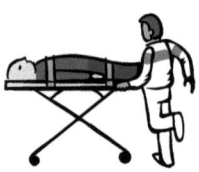

аварійний випадок

dharura

непритомний

kupoteza fahamu

біль

maumivu

травма

kuumia

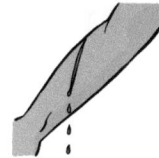

кровотеча

kutokwa na damu

інфаркт

mshtuko wa moyo

інсульт

kiharusi

алергія

mzio

кашель

kikohozi

лихоманка

homa

грип

mafua

пронос

kuharisha

головна біль

maumivu ya kichwa

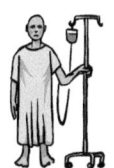

рак

kansa

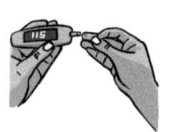

діабет

ugonjwa wa kisukari

хірург

daktari mpasuaji

скальпель

kisu kidogo cha kupasulia

операція

operesheni

КТ

picha changanufu ya mwili

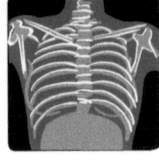

рентген

Eksrei

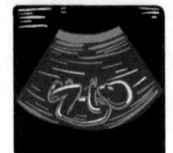

ультразвук

mawimbi sauti

маска

barakoa ya uso

хвороба

ugonjwa

зал очікування

chumba cha kusubiri

милиця

mkongojo

пластир

plasta

пов'язка

bendeji

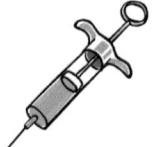

ін'єкція

sindano

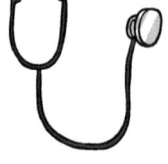

стетоскоп

stetoskopu

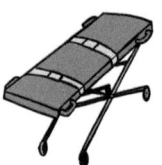

ноші

machela

термометр

kipimajoto cha kliniki

народження

kuzaliwa

надмірна вага

unene kupita kiasi

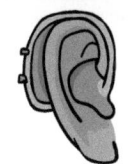

слуховий апарат

kusikia misaada

дезінфікуючий засіб

kipukusi

інфекція

maambukizi

вірус

virusi

ВІЛ / СНІД

VVU / UKIMWI

медицина

dawa

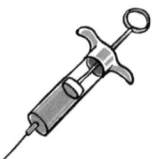

вакцинація

chanjo

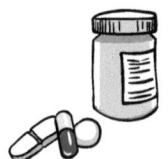

таблетки

vidonge

протизаплідна пігулка

kidonge

екстрений виклик

simu ya dharura

тонометр

haemodainamometa

хворий / здоровий

mgonjwa / mwenye afya

сигнал тривоги

kengele

напад

pigo

Допоможіть!

Msaada!

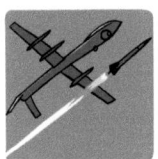

атака

shambulizi

небезпека

hatari

аварійний вихід

lango la dharura

Вогонь!

Moto!

вогнегасник

kizima moto

аварія

ajali

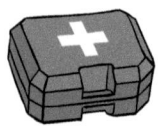

аптечка

vifaa vya huduma ya kwanza

СОС

wito wa msaada

поліція

polisi

Європа

Ulaya

Північна Америка

Amerika ya Kaskazini

Південна Америка

Amerika ya Kusini

Африка

Afrika

Азія

Asia

Австралія

Australia

Атлантика

Atlantiki

Тихий океан

Pasifiki

Індійський океан

Bahari ya Hindi

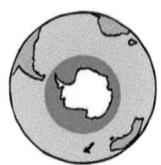

Антарктичний океан

Bahari ya Antaktiki

Північний Льодовитий океан

Bahari ya Aktiki

Північний полюс

Ncha ya Kaskazini

Південний полюс

Ncha ya Kusini

Антарктика

Antaktika

Земля

dunia

суша

nchi

море

bahari

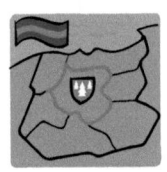

острів

kisiwa

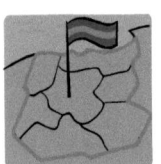

нація

taifa

держава

jimbo

циферблат

uso wa saa

годинникова стрілка

akrabu ya saa

хвилинна стрілка

akrabu ya dakika

секундна стрілка

akrabu ya sekunde

Котра година?

Ni saa ngapi?

день

siku

час

wakati

зараз

sasa

цифровий годинник

saa ya dijitali

хвилина

dakika

година

saa

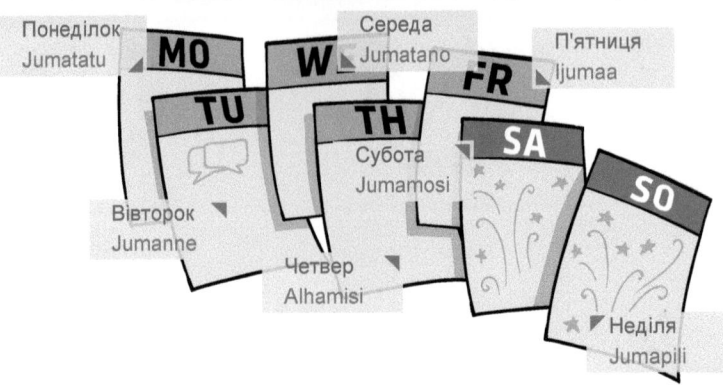

вчора
jana

сьогодні
leo

завтра
kesho

ранок
asubuhi

опівдні
saa sita mchana

вечір
jioni

робочі дні
siku za biashara

кінець робочого тижня
mwishoni mwa wiki

рік

mwaka

дощ
mvua
веселка
upinde wa mvua
сніг
theluji
вітер
upepo
весна
majira ya machipuko
осінь
vuli
літо
kiangazi
зима
majira ya baridi

4.APRIL 11°
5.APRIL 4°
6.APRIL 13°
7.APRIL 8°
8.APRIL 10°

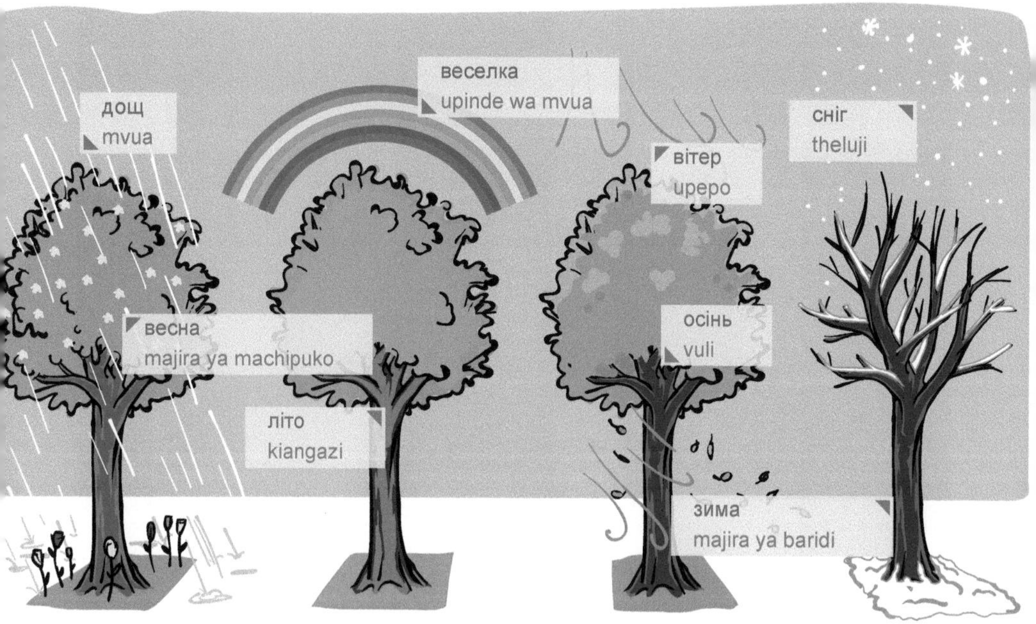

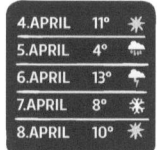

прогноз погоди

utabiri wa hali ya hewa

F C
120 40
90 30
60 20
30 10
0 0
-30 -10
-20

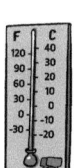

термометр

kipimajoto

сонячне світло

mwanga wa jua

хмара

wingu

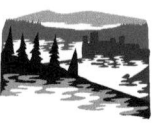

туман

ukungu

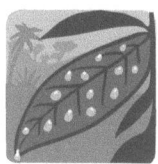

вологість повітря

unyevu

блискавка

umeme

грім

radi

шторм

dhoruba

град

mvua ya mawe

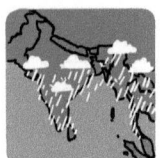

мусон

monsuni

повінь

mafuriko

лід

barafu

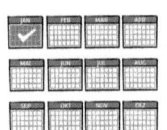

Січень

Januari

Лютий

Februari

Березень

Machi

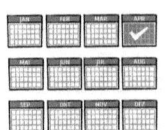

Квітень

Aprili

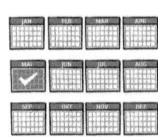

Травень

Mei

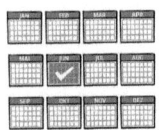

Червень

Juni

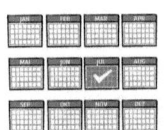

Липень

Julai

Серпень

Agosti

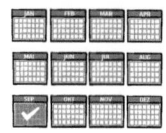

Вересень

Septemba

Жовтень

Oktoba

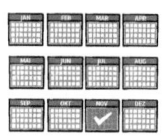

Листопад

Novemba

Грудень

Desemba

форми
maumbo

круг

mduara

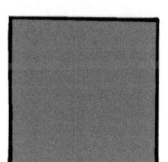

квадрат

mraba

прямокутник

mstatili

трикутник

pembetatu

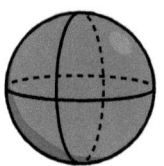

куля

nyanja

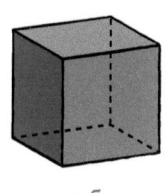

куб

mchemraba

білий

nyeupe

жовтий

manjano

помаранчевий

chungwa

рожевий

rangi ya waridi

червоний

nyekundu

фіолетовий

hudhurungi

синій

bluu

зелений

kijani

коричневий

hanja

сірий

jivujivu

чорний

nyeusi

багато / мало

mengi / kidogo

лютий / мирний

hasira / pole

гарний / бридкий

nzuri / mbaya

початок / кінець

mwanzo / mwisho

великий / малий

kubwa / ndogo

світлий / темний

angavu / giza

брат / сестра

kaka / dada

чистий / брудний

safi / chafu

завершений /
незавершений
kamilika / tokamilika

день / ніч

siku / usiku

мертвий / живий

wafu / hai

широкий / вузький

pana / nyembamba

їстівний / неїстівний

kulika / kutolika

злий / дружній

ovu / ema

збуджений / нудьгуючий

sisimkwa / udhika

товстий / тонкий

nene / nyembamba

спочатку / востаннє

kwanza / mwisho

друг / ворог

rafiki / adui

повний / порожній

jaa / tupu

жорсткий / м'який

ngumu / laini

важкий / легкий

nzito / nyepesi

голод / спрага

njaa / kiu

хворий / здоровий

mgonjwa / mwenye afya

незаконний / законний

haramu / kisheria

розумний / дурний

akili / kijinga

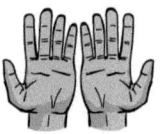

вліво / вправо

kushoto / kulia

поруч / далеко

karibu / mbali

новий / використаний

mpya / kutumika

нічого / щось

kitu / jambo

старий / молодий

zee / changa

вкл / викл

waka / zima

відкрито / закрито

wazi / fungwa

тихо / гучно

utulivu / kelele

багатий / бідний

tajiri / masikini

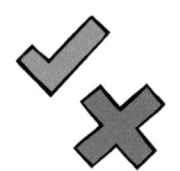

правильно / неправильно

sahihi / kosa

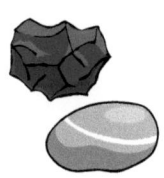

шорсткий / гладкий

mbaya / laini

сумний / щасливий

huzunika / furahia

короткий / довгий

fupi /ndefu

повільно / швидко

polepole / haraka

вологий / сухий

nyevu / kavu

гарячий / холодний

joto / baridi

війна / мир

vita / amani

0

нуль

sufuri

1

один

moja

2

два

mbili

3

три

tatu

4

чотири

nne

5

п'ять

tano

6

шість

sita

7

сім

saba

8

вісім

nane

9

дев'ять

tisa

10

десять

kumi

11

одинадцять

kumi na moja

12
дванадцять

kumi na mbili

13
тринадцять

kumi na tatu

14
чотирнадцять

kumi na nne

15
п'ятнадцять

kumi na tano

16
шістнадцять

kumi na sita

17
сімнадцять

kumi na saba

18
вісімнадцять

kumi na nane

19
дев'ятнадцять

kumi na tisa

20
двадцять

ishirini

100
сто

mia

1.000
тисяча

elfu

1.000.000
мільйон

milioni

lugha

англійська

Kiingereza

американська англійська

Kiingereza cha Marekani

китайська
високочиновницька

Kimandarini cha Uchina

хінді

Kihindi

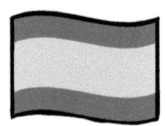

іспанська

Kihispania

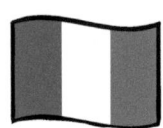

французька

Kifaransa

арабська

Kiarabu

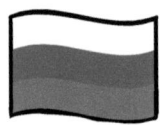

російська

Kirusi

португальська

Kireno

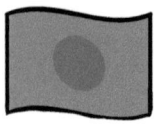

бенгальська

Kibengali

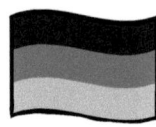

німецька

Kijerumani

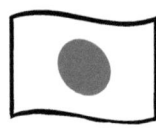

японська

Kijapani

я
....
mimi

ти
....
wewe

він / вона / воно
....
yeye / yeye / ni

ми
....
sisi

ви
....
wewe

вони
....
wao

хто?
....
nani?

що?
....
nini?

як?
....
jinsi gani?

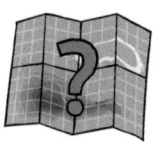

де?
....
wapi?

коли?
....
lini?

ім'я
....
jina

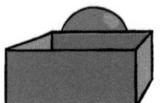

зазду
....
nyuma

в
....
katika

перед
....
mbele ya

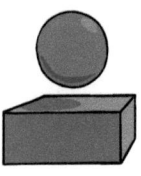

над
....
juu ya

на
....
kwenye

під
....
chini ya

біля
....
kando

між
....
kati

місце
....
mahali